Wir Feuerkinder

WIDDER

21. März – 20. April

W0025739

LÖWE

23. Juli – 22. August

SCHÜTZE

22. November – 20. Dezember

Was ist *Astrologie*?

Astrologie ist eine Jahrtausende alte Deutungskunde, um den Charakter und das Schicksal der Menschen zu bestimmen.

UND WO KOMMT ASTROLOGIE EIGENTLICH HER?

Astrologie hat ihren Ursprung in vielen Kulturen gleichzeitig, wie zum Beispiel in Ägypten, China, Indien, bei den Griechen und Indianern. Wir haben 7000 Jahre alte Zeugnisse von Astrologie, aber vermutlich ist sie noch viel älter.

UND WAS IST MIT DER ASTROLOGIE HEUTE?

Heute benutzen wir die Astrologie, um uns selbst und die anderen besser zu verstehen oder ihnen eine Lebenshilfe zu geben.

WAS IST EIN HOROSKOP?

Das Horoskop ist das Geburtsbild des Menschen. Wir brauchen dazu das Datum, die genaue Uhrzeit und den Ort der Geburt. Das Horoskop besteht aus dem Tierkreis, der sich aus den zwölf Sternzeichen zusammensetzt. In den Tierkreis werden die zehn Planeten eingezeichnet: so, wie sie zum Zeitpunkt der Geburt am Himmel gestanden sind. Hinzu kommt der Aszendent: Er wird mit Hilfe des Geburtsortes und der genauen Geburtszeit errechnet.

Für jeden Planeten gibt es ein Zeichen, ein sogenanntes Symbol. Auch Sonne und Mond gelten in der Astrologie als Planeten. Und jeder Planet hat eine besondere Bedeutung.

	Symbol	Planet	Bedeutung
nahe Planeten	☉	Sonne	ich bin
	☽	Mond	ich fühle
	☿	Merkur	ich begreife, ich denke, ich spreche
	♀	Venus	ich liebe, ich genieße
	♂	Mars	ich beginne, ich tue, ich behaupte mich
	♃	Jupiter	ich wünsche, ich wachse, ich setze Ziele
	♄	Saturn	ich spüre Grenzen, ich soll lernen
ferne Planeten	♅	Uranus	Unruhe, Freiheit, Erneuerung, Ideen
	♆	Neptun	Fantasie, Auflösung, Träume
	♇	Pluto	Zerstörung, Verwandlung, Heilung

Jeder Planet ist für einen bestimmten Anteil unseres Wesens zuständig. Der allerwichtigste Planet ist die Sonne. Sie beschreibt unseren Wesenskern. Sie zeigt uns, was für ein Typ Mensch wir sind. Deshalb wird in diesem Buch bloß die Sonne »beleuchtet«.
Also wenn ich sage: »Ich bin ein Widder« oder »ich bin ein Stier«, dann heißt das: Zum Zeitpunkt meiner Geburt stand die Sonne im Zeichen des Widders oder im Zeichen des Stiers.

Die 4 Elemente

Jedes der zwölf Sternzeichen ist einem unserer vier Elemente – Feuer, Erde, Luft und Wasser – zugeordnet.

Die Eigenschaften der vier Elemente in unserer Natur prägen die Eigenarten der dazugehörigen Sternzeichen. Wenn meine Sonne zum Beispiel im Krebs steht, habe ich ein weiches Wesen und bin sehr gefühlsbetont. Das Zeichen Krebs gehört zum Wasser-Element – einem fließenden, formlosen Element, das mit der Seele verbunden wird.

Die Chinesen haben sogar
noch ein fünftes Element:
das Holz.

So wie sich die verschiedenen
Elemente in der Natur
begegnen und einander
nützlich sind, sollen auch wir
lernen, alle vier Elemente in
uns zu vereinen. Auch wenn
ein Element in unserem Horoskop
besonders betont ist, sollen wir uns
mit den anderen Elementen anfreunden
und sie in uns lebendig gestalten.

Das *Feuer*-Element

Feuer ist das auffallendste und äußerlich
wirkungsvollste Element.
Feuer hat reinigende Kraft. Wenn wir Fieber
haben, ist unsere Temperatur erhöht. Dadurch
werden Krankheitskeime in uns verbrannt.
Auf diese Weise haben wir die Möglichkeit,
uns innerlich zu reinigen.

Im Christentum dient die Hitze
des Fegefeuers der Läuterung
der Seele.

Die Indianer benutzen Feuer für magische Rituale. Dabei befreit der Feuergeist die Menschen von dunklen Mächten.
Der Habicht ist das indianische Tiertotem für das Feuer-Element. Dieser Vogel kann so hoch fliegen, dass er der Sonne, dem Feuerball, so nahe kommt wie sonst keiner.

Wenn wir viel Feuer in uns haben, sind wir heißblütig – wir haben ein feuriges Temperament. Wir sind erfüllt von Lebensfreude und Zuversicht. Wenn uns etwas begeistert, sind wir Feuer und Flamme. Dabei übertreiben wir gerne. Ein starker Wille zeichnet uns aus. Im Umgang mit anderen Menschen und mit uns selbst sind wir großzügig.
Wir können aber auch ein Donnerwetter veranstalten, wenn wir rot-sehen. Wir explodieren dann vor Wut.

Der Widder, der Löwe und der Schütze gehören zu unserem Element.

♈ Widder

21. MÄRZ – 20. APRIL

Hallo! Hier bin ich! Ich bin im Zeichen des Widders geboren.

Ich glaube, meine Eltern finden mich ziemlich wild und laut. Zum Glück haben wir einen Garten und einen Spielplatz in der Nähe, wo ich nach Herzenslust herumtollen kann.

Eigentlich bin ich ein gut gelaunter Typ. Morgens hüpfe ich aus dem Bett, wecke meine Geschwister und meine Eltern und sorge für lustige Stimmung. Am Wochenende, wenn meine Eltern ausschlafen wollen, nehme ich mir jedes Mal vor, leise zu sein. Aber dummerweise vergesse ich es meistens. Dann springe ich zu meinen Eltern ins Bett, was sie gar nicht lustig finden.

Mit meinen Geschwistern verstehe ich mich prima. Nur manchmal finde ich sie langweilig, wenn sie bei meinen Streichen nicht mitmachen wollen. Und wenn mich einer verpetzt, gerate ich so außer mich, dass ich vor Wut explodieren könnte.

♈

In der Schule gelte ich als vorlaut. Dabei meine ich das gar nicht so. Ich muss nur immer ganz schnell sagen, was mir einfällt, sonst könnte ich es doch wieder vergessen! Mit meinen Aufgaben bin ich meistens schnell fertig. Meine Lehrerin meint nur, dass ich sorgfältiger schreiben soll, damit's schöner aussieht. Ich habe aber keine Lust, lange am Tisch zu sitzen, und viel Geduld und Ausdauer habe ich auch nicht!

Mein Lieblingsfach ist Sport. Endlich Bewegung! Bei Wettkämpfen macht es mir einen Riesenspaß, mich kräftig ins Zeug zu legen, um Sieger zu werden.

Nachmittags treffe ich mich mit meinen Freunden oft auf dem Abenteuerspielplatz. Bei gewagten Spielen muss immer ich anfangen, weil ich mehr Mut habe als die anderen. Raufen kommt auch mal vor, aber nur mit gleich großen Kindern. Sonst macht es keinen Spaß, denn schließlich wollen wir ja unsere Kräfte messen. Wenn einer unfair oder feige ist, kann ich ganz schön sauer werden!

Zu meinem nächsten Geburtstag wünsche ich mir einen Hund. Nicht so einen kleinen Pinscher, sondern einen, mit dem man richtig was anfangen kann. Und bei einem Hund bekomme ich sicher keine Probleme damit, dass ich so gern bestimme.

Wie in der Musikgruppe zum Beispiel, wo das nicht so einfach geht. Einmal in der Woche gehe ich dorthin. Und da lernen wir, aufeinander zu hören und verschiedene Rhythmen zu spielen. Ich suche mir fast immer eine Trommel oder Kuhglocken aus, damit ich am lautesten bin.

Zu den Geburtstagen meiner Eltern soll ich
immer etwas basteln oder ein Bild malen.
Über selbst gemachte Geschenke freuen sie
sich am meisten. Mir fällt zwar ohne Probleme
was ein, aber bis es fertig ist – das dauert mir
einfach zu lange! Es langweilt mich, mehrere
Stunden an einer Sache zu sitzen. Manchmal
gelingt mir etwas ganz schnell, das macht
großen Spaß.

Aber wehe, es geht daneben!
Dann haue ich es in die nächste
Ecke und führe mich auf wie
Rumpelstilzchen
höchstpersönlich.

Da ist mir der Sportverein schon lieber. Ich gehe regelmäßig zum Hockey-
Training. Die Spiele müssten nur öfter Pausen haben. Mir geht nämlich
zwischendurch ganz schön die Puste aus. Unser Trainer meint, ich soll
lernen, meine Kräfte besser einzuteilen. Aber wie das bei einem Widder-
Jungen gehen soll, habe ich noch nicht herausgefunden.

Kranksein ist doof! Alles ist dann so langweilig. Und zu nichts habe ich Lust. Aber im Bett bleiben mag ich auch nicht. Am besten ist, ich werde schnell wieder gesund!

Vor Leuten, die ganz streng zu mir sind, bekomme ich richtig Angst. Wenn ich zum Beispiel in der Schule lange still sitzen muss und kein Wort sagen darf, dann habe ich das Gefühl, gleich platzen zu müssen. Da träume ich auch manchmal nachts, dass ich von jemandem gefesselt werde – Schauder und Grausen!

Lieber mag ich Träume, wo ich mit einem Löwen kämpfe und ihn bezwinge, weil ich ihn mit meiner Schnelligkeit austricksen kann. Mit meinen Stofftieren veranstalte ich manchmal große Kampfgeschichten. In der Steppe, wo die wilden Tiere leben, da würde ich auch mal gerne sein!

Ich mag kräftige Farben, besonders Rot. Auch
Orange. Spielsachen und Klamotten suche ich
mir am liebsten in diesen Farben aus.
Auf meinem Fensterbrett habe ich auch einen
roten Stein liegen, einen Granat-Stein. Der
gibt mir Kraft, sagt meine Mutter, wenn ich
mal schlaff drauf bin.

Wenn ich ein Indianer wäre, hätte ich den
Falken als Tiertotem. Im Zoo habe ich mir so
einen Vogel mal angeschaut. Sieht echt
gefährlich aus mit seinen durchdringenden
Augen und dem gebogenen Schnabel.

Als Pflanzentotem hätte ich den Löwenzahn.
Als Pusteblume ist er mir am liebsten, dann
mache ich mit meinen Geschwistern lustiges
Wettblasen.

♌ Löwe

23. JULI – 22. AUGUST

Vorhang auf – jetzt tritt der König der Tiere
auf! Dreimal dürft ihr raten, in welchem
Sternzeichen meine Sonne steht: Ja, richtig!
Im Löwen.

Ich bin ein sonniges Kind, frohgemut und
temperamentvoll.

So sagen es jedenfalls meine Eltern. Halb im Scherz meinen sie oft, sie
hätten alle Hände voll zu tun, sich neben mir auch noch zu behaupten.
Mein Vater muss zum Beispiel unbedingt jeden Abend, wenn er nach
Hause kommt, noch mit mir spielen oder eine Runde mit mir Rad fahren.
Müde sein gilt nicht! Schließlich sehe ich ihn den ganzen Tag nicht. Streikt
er, so fällt es mir schwer, nachzugeben.
»Ein Löwe muss einsehen, dass nicht alle nach seiner Pfeife tanzen«,
bekomme ich dann zu hören. Den Fernseher könnten
Höre ich aber nicht gern! meine Eltern eigentlich
Ansonsten sorge ich zu mir schenken, denn ICH
Hause mit Witzen und bin ihr Programm.
Späßen stets für gute
Unterhaltung.

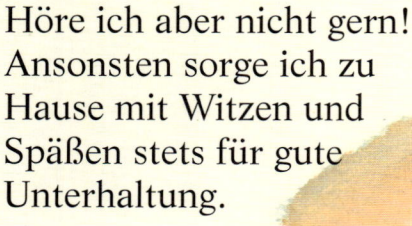

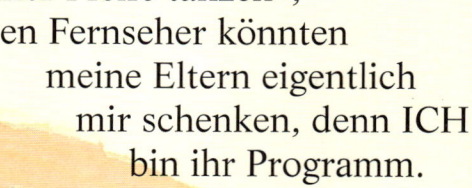

Die Schule ist für mich nur ein mittleres Vergnügen. Fast immer müssen alle Kinder das Gleiche machen. Warum darf ich keinen Löwen malen, wenn ich keine Lust auf einen Elefanten habe? Wenn ich später vielleicht einmal Lehrer bin, dann zeige ich, wie man den Unterricht so gestalten kann, dass die Kinder mehr Lust und Freude daran haben. Eins finde ich dafür ganz toll: Ich bin zum Klassensprecher gewählt worden. Das ist was Besonderes für mich, worauf ich stolz sein kann.

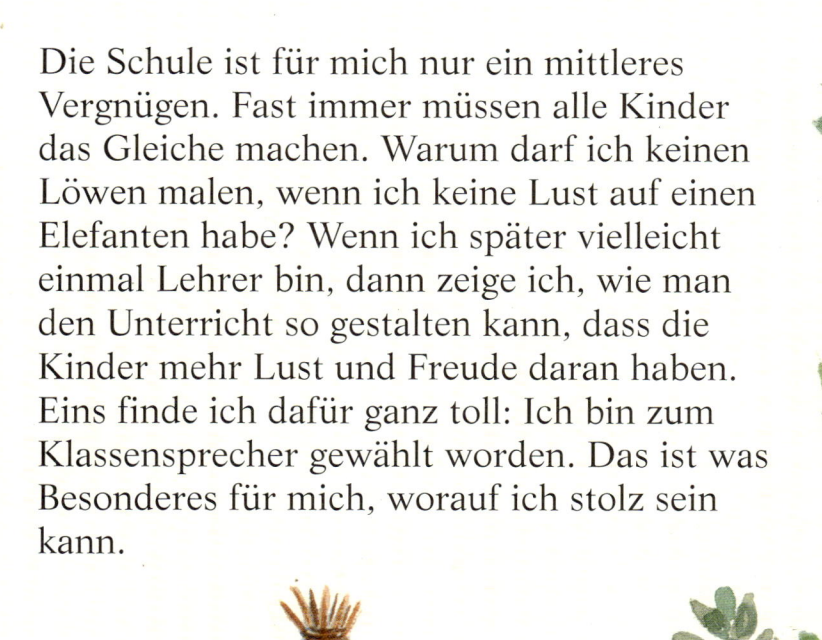

Im Kreis meiner Freunde bin ich der Anführer. Ich bin für die abenteuerlichen und gefährlicheren Spiele zuständig. Wenn wir zündeln, kleine Feuerchen machen, bin ich ganz in meinem Element. Und wenn wir auf Bäume klettern, suche ich mir natürlich den höchsten Baum aus. Dafür werde ich von den anderen, besonders den Mädchen, bewundert.

Nur einmal wurde mir schwindlig und ich traute mich nicht mehr runter. Da haben sie mich ausgelacht und Feigling genannt. So was schmerzt einen Löwen sehr! Ich muss euch sicher nicht erzählen, dass ich es dann doch noch geschafft habe.

Bei Spielen, wo man gewinnt oder verliert,
will ich natürlich immer der Sieger sein.
Klappt es nicht, dann könnte ich in meiner
Wut das ganze Spiel aus dem Fenster hauen.
Am besten sind für mich Spiele, wo man gar
nicht erst verlieren kann, wie Scharaden und
andere Ratespiele.

Oder Theater spielen. Mit richtig Verkleiden.
Wenn ich dann auch noch die Hauptrolle
bekomme, bin ich supergut drauf! Requisiten
basteln und Kulissen malen gehört für mich
dazu, da fällt mir immer was Gutes ein.

Sport nimmt einen riesigen Platz in meinem Leben ein. Ich will fit und durchtrainiert sein. Mit dem Rad Berge rauf und runter fahren, Fußball, Laufen, Wintersport – dies alles betreibe ich mit großem Ehrgeiz.

Ich bin selten krank. Eher lande ich mit einer Gehirnerschütterung nach einem Sturz im Bett und muss Ruhe geben. Oder ich trage einen Arm in Gips, weil bei meinen Unternehmungen der wilderen Art irgendetwas schief gegangen ist. Jedes Mal nehme ich mir fest vor, in Zukunft vorsichtiger zu sein und nicht mehr so viel zu riskieren. Wenn ich aber dann wieder stark drauf bin und vor Kraft kaum laufen kann, rutschen meine guten Vorsätze schnell in den Keller.

Was ich gar nicht leiden kann, ist,
wenn größere und stärkere Jungen
mich ärgern. Mir drohen beispielsweise
oder mich hänseln. Da wird mir ganz
bange, ja, ich bekomme richtig Angst,
weil ich genau weiß, dass ich
irgendwann überreizt bin und angreife.
Obwohl ich kräftemäßig keine Chance
habe. Vor solchen Niederlagen fürchte
ich mich sehr. Nicht nur, weil ich dann
blaue Flecken am Körper habe, meine
Seele bekommt dabei auch blaue
Flecken.

Ich spinne total gerne herum und male mir Fantasiefiguren aus, die noch
keiner erfunden hat. Sie leben in einer verrückten Welt voller Gold und
blinkender Juwelen und graben gierig nach weiteren Schätzen. Sie wollen
reich und machtvoll sein, dabei aber freundlich und liebevoll.

Meine Hauptfarbe ist Goldgelb, wie die Sonne. Orange und Rot mag ich auch und alles, was glitzert und funkelt. Wie Diamanten beispielsweise.
Meine Mutter ist auch im Zeichen des Löwen geboren, und sie hat genau die Steine, die mir gefallen: eine Bernsteinkette, einen großen Citrin, der wie ein nasses Zitronenbonbon leuchtet, und einen indianischen Karneolanhänger.

Dieser Stein ist das Mineraltotem für Löwen.

Bei den Indianern sind die Löwengeborenen die Lachse. Sie gelten als die Könige der Fische, weil sie sehr alt werden und sich besonders geschickt bewegen, obwohl sie sehr groß sind.

Mein Pflanzentotem sind die Himbeeren. Vielleicht ein bisschen klein für einen Löwen, aber dafür königlich lecker!

✈ Schütze

In der Vorweihnachtszeit steht die Sonne im Schützen. In diesem Zeichen bin ich geboren.

Ich bin von Natur aus unternehmungslustig und freiheitsliebend. Ich gehe gerne vertrauensvoll und großzügig mit allem um.

Meine Eltern sehen das manchmal leider ganz anders. Sie finden mich verschwenderisch. Zum Beispiel mit meinem Geld. Ich soll lernen, es besser einzuteilen. Ich kaufe mir eben öfter mal was und mache auch gern anderen eine Freude. Und wenn ich dann nichts mehr habe, macht es auch nichts. Wird schon wieder was kommen.

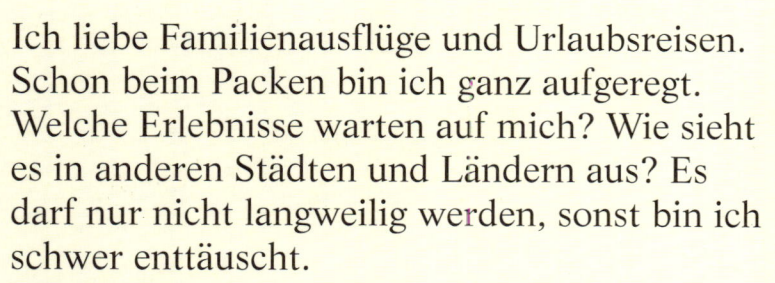

Ich liebe Familienausflüge und Urlaubsreisen. Schon beim Packen bin ich ganz aufgeregt. Welche Erlebnisse warten auf mich? Wie sieht es in anderen Städten und Ländern aus? Es darf nur nicht langweilig werden, sonst bin ich schwer enttäuscht.
Mit meinen Eltern Essen gehen ist jedesmal eine Freude. Besonders wenn wir ausländische Lokale aufsuchen. Da duftet es nach fremden Gewürzen, andersartige Musikklänge kommen aus dem Lautsprecher – Ferne liegt in der Luft!

✈

Meine Urgroßmutter ist schon 91 Jahre alt. Sie hat so viel erlebt und kann so spannend davon erzählen. Ich sitze oft bei ihr und höre ihr stundenlang zu. Bilder in den buntesten Farben entstehen in meiner Fantasie. Und wenn ihre Geschichten traurig sind, male ich mir schnell ein glückliches Ende aus.

In die Schule gehe ich ganz gern. Da ist immer was los. Ich ärgere mich nur öfter über mich selber, weil ich so schnell glaube, alles verstanden zu haben. Und im Unterricht deshalb nicht mehr richtig zuhöre. Bei den Hausaufgaben sitze ich dann blöd da und weiß nicht weiter. Ich bin sicher, jedes Schütze-Kind tut sich schwer, sich richtig einzuschätzen. Jedenfalls sind mir die Wandertage das Liebste am ganzen Schuldasein.

Ich bin sehr gesellig und habe viele Freundinnen und Freunde. Wenn ich Geburtstag habe, würde ich jedesmal am liebsten meine ganze Klasse einladen. Aber da streiken natürlich meine Eltern.

Ich lese gerne spannende Abenteuerbücher. Solche, wo einem echt prickelnde Gefühle kommen. Meine kuschelige Perserkatze Panky leistet mir dabei Gesellschaft und rollt sich schnurrend auf meinem Schoß ein. Ich wollte schon immer nur ein ausgefallenes Tier haben. Eins, das man nicht so häufig antrifft.

Ich habe viele schöne Fotos von Panky gemacht. Fotografieren ist nämlich mein Hobby. Nur leider ein bisschen teuer. Auf unseren Urlaubsreisen knipse ich wie ein Weltmeister, um mir hinterher alles noch mal anzusehen. Dabei kommen die Erinnerungen und Gefühle hoch, als wäre ich wieder dort.

Ich möchte gerne viele Instrumente spielen können. Und zwar solche, die aus anderen Teilen der Welt stammen. Zum Beispiel reizen mich Panflöte, Maultrommel und Bongos aus Afrika. Aber ich kann ja leider nicht alles auf einmal machen. Also fange ich mal mit der Maultrommel an.

Von unseren Reisen bringe ich immer Fahrkarten, Eintrittskarten, Zuckerpapierchen, Flaschenetiketten und Ähnliches mit. Und Blätter und Blüten von Pflanzen, die bei uns nicht wachsen. Aus all diesen bunten Teilen lasse ich Collagen entstehen, die ich dann verschenke oder mein Zimmer damit schmücke.

Seit ich eine Woche Ferien auf einem Ponyhof gemacht habe, steht der Reitsport bei mir an erster Stelle. Bei meinen Großeltern in der Nähe gibt es einen Stall mit mehreren Pferden. Dort darf ich helfen, die Tiere zu pflegen, mache die Boxen sauber und bekomme dafür Reitunterricht.

Wenn ich krank im Bett liege und vielleicht nicht einmal lesen kann, wird es ziemlich öde. Wo ich doch so gern was unternehme! Ich lege mich nur hin, wenn ich Fieber habe und ganz schlecht drauf bin. Und so schnell wie möglich stehe ich wieder auf. Sonst läuft das Leben ja an mir vorbei!

Wir hatten neulich Besuch von einem Onkel, der lebt in der ehemaligen DDR. Er hat viel aus früheren Zeiten erzählt. Was man alles nicht durfte. Nicht reisen, wohin man wollte. Nicht laut sagen, was man dachte. Viele Sachen gab es nicht zu kaufen. Ich bekam eine richtige Gänsehaut. So ein Leben wäre furchtbar für mich! In der folgenden Nacht wurde ich von Albträumen verfolgt.

Ich bin immer voller Pläne und baue mir Luftschlösser für die Zukunft. In meinem Zimmer hängen Fotos von Leuten, die ich ganz toll finde. Für die ich echt schwärme. Wo ich bei einigen so werden möchte wie sie.

Dunkelblau ist meine Lieblingsfarbe. Aber nicht düster, sondern eher leuchtend. Ich kenne zwei Steine, die genau so ein Blau haben, wie ich es mag: Lapislazuli und Sodalith. Und einen Stein gibt es, der funkelt richtig – der dunkelblaue Saphir. Davon wünsche ich mir mal einen Ohrring!

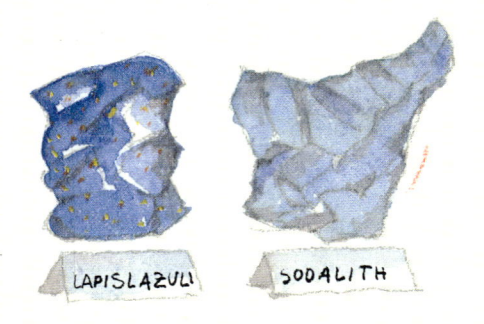

LAPISLAZULI   SODALITH

Mein indianisches Tiertotem ist die Eule. In einem Naturpark in unserer Nähe lebt eine sehr alte Eule. Aber man kann sie nur selten sehen. Sie zeigt sich tagsüber nicht. Ich bin auch eine Nachteule und mag abends nicht ins Bett.

Mein indianisches Pflanzentotem ist die Mistel. Sie gehört ja auch bei uns zur Weihnachtszeit und schmückt vergoldet und versilbert unsere Räume.

WIDDER

impulsiv * aktiv * spontan * unbeherrscht * dynamisch
energisch * angreifend * zupackend * kräftig * willensbetont
kurzatmig * frisch * forsch * dickköpfig * draufgängerisch
unbequem * einsatzbereit * wetteifernd * sportlich * mitreißend
ungehemmt * direkt * robust * vital * mutig * stürmisch
entschlossen * kämpferisch * temperamentvoll * offen
schnell * anregend * wild * jähzornig * herausfordernd

LÖWE

lebensvoll * verantwortungsbewusst * warmherzig * großzügig
maßlos * stark * mutig * zügellos * vital * genussfreudig
selbstherrlich * mächtig * stolz * heldenhaft * anspruchsvoll
theatralisch * ehrgeizig * begeisterungsfähig * selbstvertrauend
offen * herzlich * herrschsüchtig * intensiv * sonnig * imponierend
dominierend * strahlend * bejahend * überzeugend
wohlwollend * schöpferisch * optimistisch * führungsbegabt
leidenschaftlich * eifersüchtig

SCHÜTZE

feurig * wagemutig * übertreibend * schwungvoll * idealistisch
optimistisch * freizügig * wohlwollend * anspruchsvoll
herablassend * fantastisch * elegant * weitherzig * religiös
ethisch * unternehmungsfreudig * abenteuerlustig * großzügig
gütig * unrealistisch * philosophisch * begeistert * kühn * steigernd
großmütig * bejahend * orientierend * zielbewusst * reiselustig
unabhängigkeitsbedürftig * genussfreudig * snobistisch
hochstaplerisch * expansiv * risikofreudig

Wir Erdkinder

STIER
21. April – 20. Mai

JUNGFRAU
23. August – 22. September

STEINBOCK
21. Dezember – 19. Januar

Das *Erd*-Element

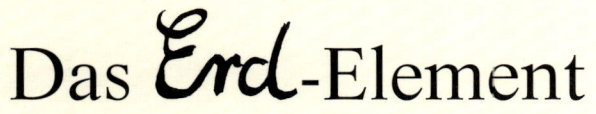

Nach diesem Element ist die Erde, auf der wir leben, benannt.

Im Christentum wird jeden Herbst das Erntedankfest begangen. Feierlich wird dafür gedankt, dass die Erde in diesem Jahr wieder fruchtbar und ertragreich gewesen ist.

Bei den Indianern werden regelmäßig rituelle Tänze für die Gesundheit der Erde veranstaltet. Sie sollen die Fruchtbarkeit und den Pflanzenwuchs fördern.

Als Tiertotem gilt bei den Indianern die Schildkröte mit ihrem festen Panzer. Ihre Eier legt sie in die Erde.

Wir Erd-Menschen sind bodenständige Wesen, die sich nicht so leicht entwurzeln lassen. Nur bei starker Erschütterung verlieren wir den Boden unter den Füßen. Mit Ausdauer und Gründlichkeit führen wir unsere Aufgaben durch. Wir sind verlässliche Zeitgenossen und überaus geduldig. Schweigen können wir gut. Wir lieben keine großen Veränderungen, weil wir Gewohnheitstiere sind. Nur vorsichtig und langsam wenden wir uns neuen Dingen zu. Allem, was wir nicht sehen, hören, riechen oder anfassen können, begegnen wir mit Misstrauen.
Wenn uns etwas nicht gefällt, reagieren wir bockig oder wir streiken. Wir können sehr stur werden und eine Härte zeigen, die man uns friedliebenden Menschen gar nicht zutraut.

Zu den Vertretern unseres Elements gehören der Stier, die Jungfrau und der Steinbock.

Stier

21. APRIL – 20. MAI

Ich bin ein echtes Frühlingskind. Mein Sternzeichen ist der Stier. Wenn ich Geburtstag habe, werden die Bäume grün. Wir haben zwar leider keinen Garten, aber auf dem Spielplatz in unserer Nähe, da kann ich genau beobachten, welche Büsche oder Bäume als Erste ihre neuen Blätter zeigen.

Ich glaube, meine Eltern haben es ganz gut mit mir getroffen. Ich bin ein bisschen bockig, manchmal sogar sehr bockig, aber sonst pflegeleicht.

Ich fühle mich wohl, wenn zu Hause alle freundlich und gemütlich drauf sind. Ich bin auch freundlich. Nur müssen sie verstehen, dass ich meinen Dickkopf habe. Wenn ich etwas machen will oder haben will, dann gebe ich nicht nach, bevor ich mein Ziel erreicht habe. Wenn es gar nicht geht, werde ich ungeheuer wütend. Ich verschwinde dann in einer Ecke oder unter einem Tisch und bin lange nicht mehr ansprechbar. Da nützt es auch nichts, wenn man mich noch so lockt.

Ich bin ein Gewohnheitstier. Ich will immer am selben Platz sitzen beim Essen. Abends vor dem Vorlesen lege ich stets meine Kuscheltiere neben mich, die sollen auch zuhören. Ich höre auch gerne mehrmals hintereinander dieselben Geschichten, die sind mir dann schon so vertraut.

Ich habe eine kleine Schwester, die ich sehr lieb habe. Es macht mir Spaß, sie zu wickeln und zu füttern wie eine echte Mutter.

Nur wenn sie beim Spielen meine Sachen aus den Regalen reißt und mir alles durcheinander bringt, werde ich sauer. Meine Spielsachen gehören mir alleine. Meine Schwester hat schließlich ihre eigenen!

In der Schule geht mir alles zu schnell. Eigentlich macht mir der Unterricht Spaß. Nur brauche ich zum Rechnen und Schreiben meistens mehr Zeit als die anderen Kinder. Aber eins ist gut: Was ich einmal verstanden und gelernt habe, das vergesse ich nicht mehr. Mein Lieblingsfach ist Kunst. Schade, dass es kein Hauptfach ist!

Als ich in die Schule kam, habe ich ziemlich lange gebraucht, bis ich in meiner Klasse eine Freundin gefunden habe. Ich hänge immer noch an meinen Freunden vom Kindergarten.

Mit den wilden Jungen kann ich nicht so viel anfangen. Aber einer ist dabei, der mag zwischendurch auch ruhigere Spiele. Er hat einen Garten, wo ich ihn öfter besuche. Dort dürfen wir Samen aussäen, Blumen pflanzen und gießen. Zu Hause habe ich auch eigene Topfblumen auf meinem Fensterbrett. Ich erzähle ihnen schöne Geschichten, damit sie ganz viel blühen.

Ich würde gerne Ballett lernen. Manchmal gucke ich meiner Freundin zu, wenn sie übt. Das sieht so schön aus! Aber leider muss man für Ballett dünn sein. Ich bin zwar nicht dick, aber auch nicht gerade dünn.

Wir Stier-Kinder essen eben nun mal gerne. Und meine Mutter kocht lecker. Ich kann auch schon ein bisschen selber kochen: Waffeln, Gemüsesuppe, Nudeln …

Ich besuche einen Blockflöten-Kurs. Sobald meine Hände groß genug sind, möchte ich auf Altflöte umsteigen – die klingt so schön tief und warm.

An verregneten Nachmittagen male ich. Wenn meine kleine Schwester dann auch noch schläft, ist es ganz still um mich. Da kann ich mich richtig in meine Bilder hineinleben. Ich male zum Beispiel einen Bauernhof mit vielen Tieren, wo ich gerne leben würde.

Auf dem Land ist es viel schöner als in der Stadt! Das stelle ich jedesmal fest, wenn ich mit meinen Eltern eine Wanderung mache. Sie finden übrigens, dass ich für mein Alter schon ganz schön lange durchhalten kann.

Krank bin ich selten. Mal ein bisschen Halsweh oder Schnupfen. Wenn ich Fieber habe, lege ich mich freiwillig ins Bett und schlafe ganz viel. Und meine Mutter kocht mir meine Lieblingsspeisen.

Was ich überhaupt nicht mag, ist, allein zu Hause zu sein. Da bekomme ich jedesmal Angst. Auch wenn ich mir noch so einrede, dass nichts passieren kann, da die Tür ja gut abgeschlossen ist. Jedes Geräusch kommt mir komisch vor, ein bisschen unheimlich.

Es hilft mir, wenn ich mit meinen Tieren und Puppen laut rede und eine Fantasiegeschichte mit ihnen spiele. Ich tröste dann den kleinen Bären, dass seine Bärenmami gleich wieder nach Hause kommt und er keine Angst haben muss. So geschieht es manchmal, dass ich vor lauter Spielen vergesse, dass ich allein bin.

Meine Lieblingsfarbe ist Grün. Vielleicht weil es draußen grün wird, wenn ich Geburtstag habe. Andere Farben mag ich auch, schöne bunte Farben.

Es gibt wunderschöne grüne Steine. Die Namen sind schwierig zu merken: Malachit, Aventurin, Chrysokoll. Ich habe sie in einem Buch über Steine entdeckt. Die Besitzerin von einem Steineladen hat mir mal einen kleinen Rosenquarz geschenkt. Sie hat gesagt, dass dieser Stein zu meinem Sternzeichen passt. Wenn ich traurig bin, soll ich ihn anschauen, dann wird mir wieder leichter ums Herz. Ich hab's ausprobiert – es stimmt.

Mein pflanzliches Totem, den Wiesenklee, habe ich neulich im Garten meines Freundes entdeckt.

Wäre ich als Indianerin geboren, hätte ich als Tiertotem den Biber.

♍ Jungfrau

23. AUGUST – 22. SEPTEMBER

Ich bin eine Jungfrau. Unter diesem Begriff
stelle ich mir ein braves Mädchen mit langen
Zöpfen, hübsch, ordentlich und fromm vor.
Aber sehe ich etwa so aus?

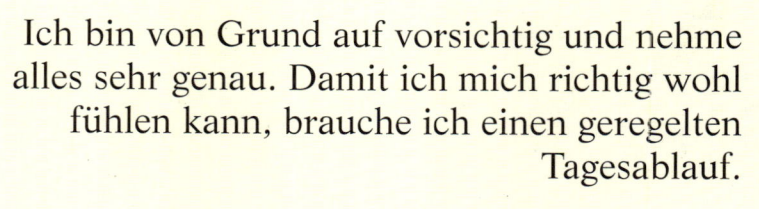

Ich bin von Grund auf vorsichtig und nehme
alles sehr genau. Damit ich mich richtig wohl
fühlen kann, brauche ich einen geregelten
Tagesablauf.

Morgens stehe ich zeitig auf, damit ich mich
vor der Schule in Ruhe fertig machen und
frühstücken kann.

Wenn meine Eltern am Wochenende
ausschlafen, bereite ich ihnen als Guten-
Morgen-Gruß ein schönes Tablett.

♍

Anschließend räume ich mein Zimmer auf.
Alle meine Sachen haben ihren festen Platz –
das schafft Klarheit in mir. Mein kleinerer
Bruder ist da ganz anders. Er hat ein
Riesendurcheinander in seinem Zimmer, sitzt
mittendrin und spielt. Ganz zufrieden. Das
möchte ich manchmal auch gerne können.
Aber ich wäre dann ständig abgelenkt und mit
der Unordnung um mich herum beschäftigt.

Mit meiner Kleidung gehe ich sorgfältig um,
denn mich stören Flecken total. Auch wenn
meine Mutter tröstend meint, dass man es gar
nicht sieht.
Also, jedenfalls bin ich kein schwer
erziehbares Kind.

Bis jetzt habe ich nur gute Schulzeugnisse bekommen. Lernen fällt mir
leicht und meine Hausaufgaben mache ich gründlich. Meine
Tischnachbarn in der Klasse wollen immer von mir abschreiben. Das ehrt
mich zwar, aber manchmal ärgert es mich auch. Denjenigen, die
Schwierigkeiten haben, weil sie beispielsweise aus einem fremden Land
kommen, helfe ich ja sehr gern. Aber die anderen verstehe ich
irgendwie nicht.

Ein paar Straßen weiter wohnt meine
Freundin, mit der ich mich regelmäßig treffe.
Wir sind wie verwandt miteinander. Ihr kann
ich meine geheimsten Gedanken und Gefühle
anvertrauen. Ich hatte auch noch eine andere
Freundin, aber die wollte sich nie festlegen
und kam meistens zu spät. So was bringt mich
völlig durcheinander. Ich bin nämlich ein Typ,
der festen Boden unter seinen Füßen braucht.

In unserem Winzelgarten gehe ich gern auf
Entdeckungstour. Und jedesmal finde ich
kleine Käfer oder Würmer, die ich mir dann
genau betrachte. Ich nehme sie auf meine
Hand und rede beruhigend auf sie ein, damit
sie sich geborgen und sicher fühlen.

Im Herbst gehe ich zu den buntesten Bäumen
und suche nach Blättern. Die schönsten
landen in meinem Blätteralbum.

Seit kurzem spiele ich Querflöte. Man muss
zwar viel üben, bis einigermaßen schöne Töne
herauskommen, aber mit diesem Instrument
fühle ich mich einfach wohl. Sobald ich gut
genug bin, musiziere ich zusammen mit
meiner Freundin, die Klavier spielt. Das macht
dann sicher noch viel mehr Spaß.

Für mein Puppentheater
bastle ich Puppen aus
Pappmaché und ziehe sie mit selbst genähten
Kleidern an. Für so eine Arbeit braucht man
viel Geduld – also genau das Richtige
für mich!

Im Sommer gehe ich oft Rollschuh
laufen und im Winter Eis laufen. Ich
würde am liebsten auch so perfekt
sein wie die Eiskunstläuferinnen – es
sieht so leicht und schön aus, wie sie
sich bewegen. Aber spätestens an
den Sprüngen würde ich kläglich
scheitern.
Wenn ich krank bin, bin ich mir
selber fremd. Ich habe das Gefühl,
mein Körper gehört mir nicht mehr
richtig. Ich bin jedesmal froh, wenn
ich wieder gesund bin, und alles ist
wieder normal.

Wenn meine Eltern mit mir lange
Spaziergänge durch den Wald machen und
neue Wege ausprobieren, überfällt mich leicht
große Angst, dass wir nicht mehr zurück nach
Hause finden. Mir wird unheimlich zumute,
und ich reagiere erschreckt auf jedes
Geräusch. Alle beruhigenden Worte von
meinen Eltern helfen nur wenig. Ich kann erst
wieder froh sein, wenn wir den Wald hinter
uns haben und die helle Landschaft
vor uns liegt.

Dabei liebe ich den Wald so sehr mit seinen Bäumen, seinen Tieren und
dem weichen Boden. Ich male mir gern aus, wie kleine Zwerge und andere
Zauberwesen dort leben. Mein Vetter lacht mich dann aus, weil er ganz
andere Fantasien hat. Das macht mir aber nichts, denn sonst verstehen wir
uns prima. Er ist nämlich ein Jungmann … ich meine, eine männliche
Jungfrau.

Meine Lieblingsfarben sind die Herbstfarben.
Von Gelbbraun bis Rotbraun, Rost- und
Weinrot – alle Färbungen der welken Blätter
gehören dazu. Es gibt auch einen Stein, der
sehr gut dazu passt: das Tigerauge. Er
schimmert in verschiedenen Brauntönen, je
nachdem, wie das Licht auf ihn fällt.

Wenn ich bei den Indianern leben würde,
wäre ich ein Braunbär. Er fühlt sich, wie
ich als Jungfrau, in vertrauter Umgebung
am wohlsten.

Mein Pflanzentotem ist das Veilchen. Hmm, es
riecht so gut!

♑ Steinbock

21. DEZEMBER – 19. JANUAR

Wenn ihr einen Tierpark besucht, dann könnt ihr euch die Steinböcke auf kahlem Gebirgsgestein anschauen. Was ihr da seht, hat sehr viel mit uns Steinbock-Geborenen zu tun: Ruhig, oft vereinzelt stehen sie da und geben kaum einen Laut von sich. So ähnlich sind wir Steinbock-Menschen auch.

Ich bin ein schüchterner Zeitgenosse, der sich lieber im Hintergrund aufhält. Rampenlicht ist nichts für mich.

Zu Hause spiele ich gern allein in meinem Zimmer. Ich bin schon auch oft mit meinem Bruder zusammen, aber nach einer Zeit ziehe ich mich wieder zurück und will in Ruhe gelassen werden.

Ansonsten mache ich meinen Eltern nicht viel Mühe, denn ich bin ein freundlicher und umgänglicher Typ. Ich helfe auch gern.

♑

Nur wenn ich etwas machen soll, was mir
überhaupt nicht liegt, fahre ich meine Hörner
aus und werde bockig. Zum Beispiel bei Opas
80. Geburtstag. Da sollte ich ein Gedicht
vortragen. Aber ich mag mich einfach nicht
vor einer Riesengesellschaft aufbauen und
mein Verslein aufsagen. Da komme ich mir
albern vor! Lieber versinke ich im Erdboden.
Ich habe mich dann auch mit Erfolg geweigert.

In der Schule lobt mich meine Lehrerin ständig vor den anderen. Das ist
mir schon ganz peinlich. So musterschülermäßig da stehen, das will ich
gar nicht.
Aber ich bin offensichtlich das ideale Schulkind: ruhig, fleißig,
konzentriert und nicht ohne Ehrgeiz.
Da ich eher ein Einzelgänger bin, habe ich noch keinen rechten Anschluss
an die Klassengemeinschaft gefunden. Das macht mir nicht so viel aus,
aber manchmal wäre ich doch gern mitten dabei.

Aber einen guten Freund habe ich. Der ist verlässlich und kann schweigen, wenn es um etwas Geheimes geht. Der versteht mich, ohne dass ich viel sagen muss.

Mit ihm zusammen stelle ich meine wissenschaftlichen Untersuchungen an. Ich habe einen Chemiekasten, und bald sind wir alle Versuche durch. Meine Mutter zittert immer ein bisschen, aber mein Vater, seines Zeichens auch Steinbock, weiß, dass ich vorsichtig bin und nichts riskiere.

Einen Elektrokasten habe ich auch, wo man kleine Stromkreise herstellen kann und einiges mehr. Solche Dinge interessieren mich riesig.

Ein ganz besonderes Haustier, eine
Schildkröte, lebt bei uns in der Wohnung.
Ganz langsam bewegt sie sich voran. Sie ist,
wie ich, einzelgängerisch und genügsam.

Ich spiele Geige. Der Anfang war harte Arbeit.
Gleichzeitig den richtigen Ton greifen, die
Saite mit dem Bogen streichen und dabei eine
entspannte Haltung einnehmen, das ist viel auf
einmal. Ich habe mich immer wieder
verkrampft. Aber mein Lehrer hat mir mit
Lockerungsübungen sehr geholfen.

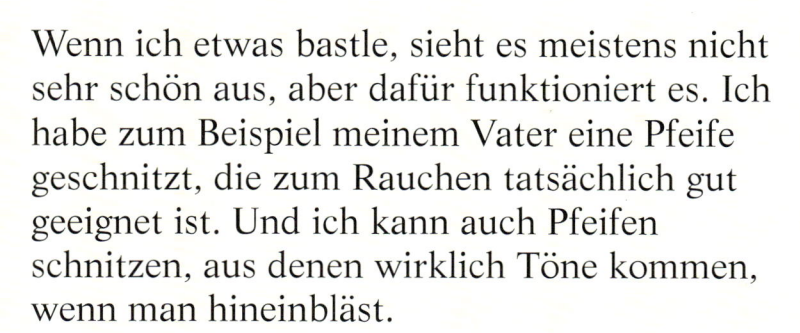

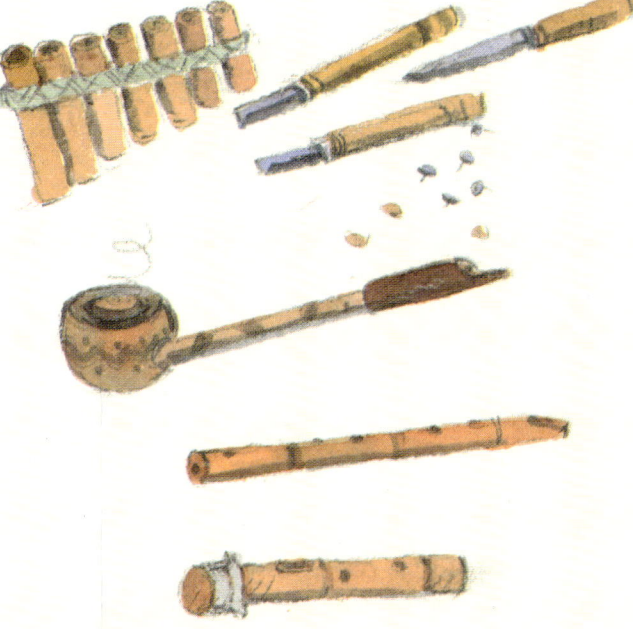

Wenn ich etwas bastle, sieht es meistens nicht
sehr schön aus, aber dafür funktioniert es. Ich
habe zum Beispiel meinem Vater eine Pfeife
geschnitzt, die zum Rauchen tatsächlich gut
geeignet ist. Und ich kann auch Pfeifen
schnitzen, aus denen wirklich Töne kommen,
wenn man hineinbläst.

Wenn ich krank bin, verdüstert sich meine Stimmung etwas. Ich ziehe
mich dann in mein Bett zurück und lese viel. Das lenkt mich ab und lässt
mich mein Unwohlsein für eine Weile vergessen.

Manchmal habe ich Angstträume. Ich stehe in meiner Klasse groß im Mittelpunkt und alle Augen sind auf mich gerichtet. Ich habe meine Hausaufgaben nicht und auch sonst weiß ich nichts, habe alles vergessen. Schweißgebadet wache ich auf, eile zu meiner Schultasche und prüfe, ob ich alles gemacht habe. Zum Glück! Es war nur ein böser Traum.

Ich möchte mal viel zu sagen haben und Bedeutung erlangen. Aber nicht im Vordergrund. Dorthin schicke ich meine Leute, die meine Aufträge ausführen. Ich bleibe möglichst unsichtbar im Hintergrund und lenke von dort aus wie eine »graue Eminenz« meine Geschäfte.

Dunkelgrau, Schwarz und Weiß sind meine Farben. Zum Beispiel würde mir ein weiß getünchter Raum mit schwarzen Möbeln gut gefallen. Entsprechende Steine sind der Onyx und der Obsidian, beide schwarz. Und der Bergkristall, ein klarer, durchsichtiger Stein. Wenn man ihn gegen das Licht hält, erscheinen an manchen Stellen Regenbogenfarben. Ich habe mal einen kleinen Bergkristall auf einem Gebirgsweg gefunden. Nun liegt er auf meinem Schreibtisch und hilft mir beim Denken.

Wenn ich ein Indianer wäre, hätte ich als Tiertotem die Gans. Obwohl sie gut schwimmen kann, ist sie eigentlich ein Landtier, da sie sich vorwiegend dort ihre Nahrung sucht.

Mein Pflanzentotem ist der Brombeerstrauch. Ich freue mich schon immer auf den Herbst, wenn seine schwarzen Beeren reif sind.

STIER

freundlich * verlässlich * instinktiv * langsam * schwerfällig
geduldig * gemütvoll * beharrend * träge * ruhig * gelassen
sinnenfroh * konkret * bildhaft * lebensecht * materialistisch
ursprünglich * genussfähig * bequem * unbeweglich * natürlich
ausgeglichen * treu * vertrauenswürdig * besitzergreifend
anhänglich * bodenständig * dickfellig * beruhigend * sparsam
stur * eigensinnig * traditionsbewusst * konservativ * naturverbunden

JUNGFRAU

vorsichtig * verantwortlich * gewissenhaft * kritisch * sparsam
zurückhaltend * arbeitsam * fürsorglich * ordentlich * pflichtbewusst
bedacht * dienend * ängstlich * helfend * bescheiden * moralisch
reinlich * zwanghaft * genau * nüchtern * kleinlich * einsichtig
strebsam * gepflegt * umsichtig * besonnen * prüfend * misstrauisch
perfektionistisch * klärend * methodisch * pünktlich * beobachtend
scheinheilig * vernünftig

STEINBOCK

machtvoll * korrekt * genau * ehrgeizig * sachlich * stabil
fest * logisch * hart * beständig * ausdauernd * treu
gerecht * vertrauenswürdig * unpersönlich * charakterfest
ernsthaft * pflichtbewusst * ordnend * standhaft * schüchtern
gehemmt * konzentrationsfähig * gründlich * zurückhaltend
beherrscht * wahrheitsliebend * sparsam * strebsam
verzichtbereit * streng * solide * klar
systematisch * trocken

Wir Luftkinder

ZWILLINGE
21. Mai – 21. Juni

WAAGE
23. September – 22. Oktober

WASSERMANN
20. Januar – 18. Februar

Das *Luft*-Element

Luft ist für uns lebensspendend. Unser ganzes Leben lang atmen wir die Luft ein und aus.

In antiken Kulten, zum Beispiel im Totenkult, wurde die Luft mit Weihrauch geschwängert. Dieses Ritual hat auch Eingang in die christliche Kirche gefunden.

Bei den Hopi-Indianern gilt der Adler als Eroberer der Luft und Herr der Höhe. Als Symbol dient eine »Gebetsfeder«, die vorwiegend aus der Feder eines Adlers hergestellt wird.

Das indianische Tiertotem für Luft sind die Schmetterlinge. Ständig in Bewegung wechseln sie nach Belieben den Ort und können mit Leichtigkeit unerwartet ihre Richtung ändern.

Wir sind Luftikusse. Unser Element lässt uns leicht und beschwingt sein. Manchmal könnten wir abheben. Wir sind beweglich und schnell und haben einen wachen Verstand. Neugierde und Interesse sind unsere besonderen Kennzeichen. Wir sind gesellige Wesen – wir brauchen andere Menschen für unser Wohlbefinden. Allein fühlen wir uns wie ein Blatt im Wind. Dennoch binden wir uns nicht so eng. Dazu ist uns unsere Freiheit und unsere Unabhängigkeit zu wichtig. Dunkle Stimmung und schwere Probleme mögen wir nicht. Sie sollen sich in Luft auflösen.

Die Zwillinge, die Waage und der Wassermann sind dem Luftelement zugeordnet.

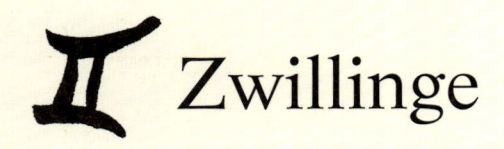

♊ Zwillinge

21. MAI – 21. JUNI

Hallihallo! Ich bin ein Zwilling. Auch wenn ich keine Zwillingsschwester und keinen Zwillingsbruder habe. Als ich geboren wurde, stand die Sonne im Zeichen der Zwillinge.

Also, wenn ich darüber nachdenke, dann heißt das doch, dass ich zwei Wesen in mir habe. So komme ich mir nämlich manchmal vor. Bin ich die eine – oder die andere? Wer bin ich wirklich? Vielleicht bin ich deshalb so neugierig und interessiere mich für viele verschiedene Dinge.

Unruhig flattere ich von einer Beschäftigung zur nächsten. Meine Eltern ermahnen mich oft, einmal ruhig bei einer Sache zu bleiben. Wenn die wüssten, wie schwer mir das fällt!

Um Ausreden, wenn was schief gelaufen ist, bin ich nicht verlegen. Auch nicht um Erklärungen, wenn ich eine Geschichte zurecht-biegen will. Meine Überredungskünste helfen mir oft, meine Ziele zu erreichen. Meine Mutter gibt schließlich, leicht genervt, nach, damit sie endlich ihre Ruhe hat. Praktisch!

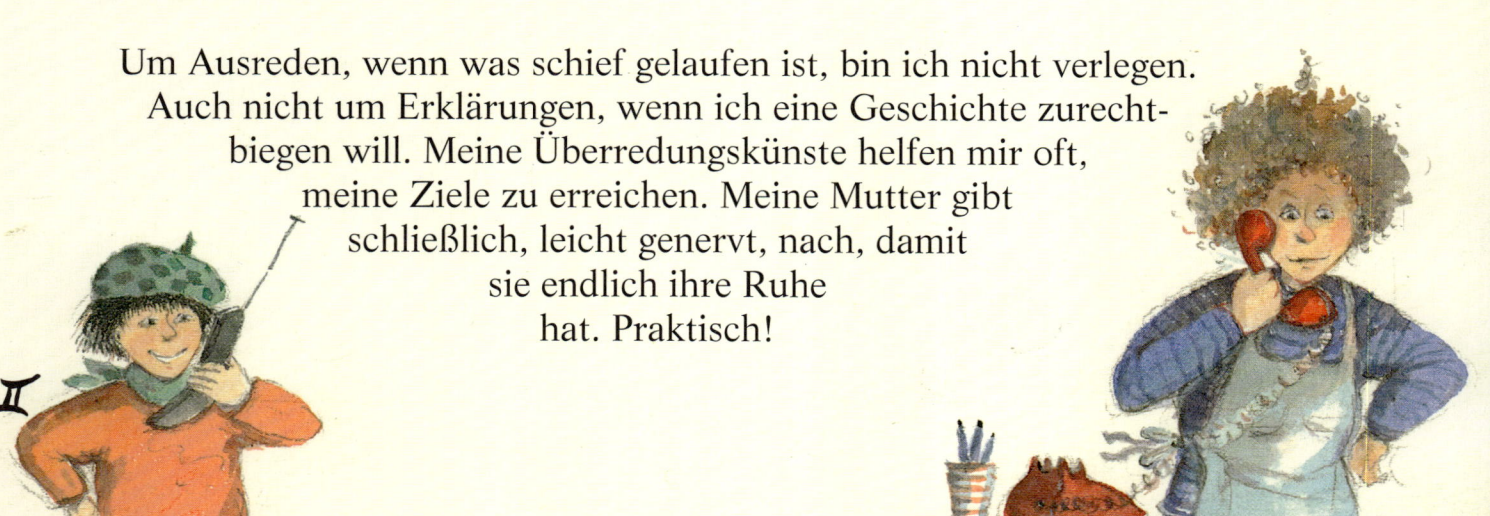

Am Wochenende unternehme ich gern mit meinen Eltern oder jemandem, der Zeit für mich hat, etwas Schönes, denn ich liebe die Abwechslung: Zoo, Zirkus, Kindertheater, Kino – Hauptsache, es ist nicht langweilig!

Die Schule finde ich spannend, das heißt, nur wenn die Lehrer nett sind. Ich bin in fast allen Fächern wissbegierig und verstehe den Stoff schnell. Lernen fällt mir nicht schwer. Deutsch ist mein Lieblingsfach, besonders Aufsätze schreibe ich gern.

Nur die Konzentration macht einem Zwillingskind zu schaffen, das sollte meine Lehrerin wissen. Wenn mir doch ständig so viele Gedanken gleichzeitig durch den Kopf jagen! Außerdem gibt es auch häufig etwas mit meinen Tischnachbarn zu besprechen. Dies liebt meine Lehrerin ganz und gar nicht. Und sie wundert sich, dass ich trotzdem gute Noten schreibe und Antworten auf ihre Fragen weiß.

In der Klasse bin ich ziemlich beliebt. Fast jeden Tag wollen andere Kinder mit mir was für den Nachmittag ausmachen. Aber ich mag mich nur ungern schon am Vormittag festlegen, was ich am Nachmittag mache. Ich weiß oft einfach nicht, was ich will. Entscheidungen fallen mir sowieso schwer. Ich wusel mich dann raus und sage, dass ich *vielleicht* auf den Spielplatz komme. Im Nachbarhaus habe ich eine gleichaltrige Freundin, mit der ich mich nach Lust und Laune, ohne groß zu planen, zum Spielen treffe. So gefällt es mir besser.

Ich mag am liebsten Spiele, wo man »tricksy« sein muss, oder wo es zu den Regeln gehört, dass man gut mogeln kann. Und Schreibspiele, wo man verrückte Wörter oder Sätze bildet. Wenn ich allein bin, lese ich auch gern.

Einmal in der Woche gehe ich zum Gitarrenunterricht. Mein Gitarrenlehrer hält mich für geeignet, weil ich nicht nur musikalisch bin, sondern auch besonders flinke Finger habe. Ich komme recht flott voran. Und es macht mir Spaß. Nur habe ich keine Lust, die Stücke richtig gründlich zu üben. Es ist so mühsam, die Noten und Harmonien genau zu studieren. Ich soll mich ganz auf das einlassen, was ich gerade tue, und an nichts anderes denken, heißt es dann. Ja, das ist eben genau mein Problem.

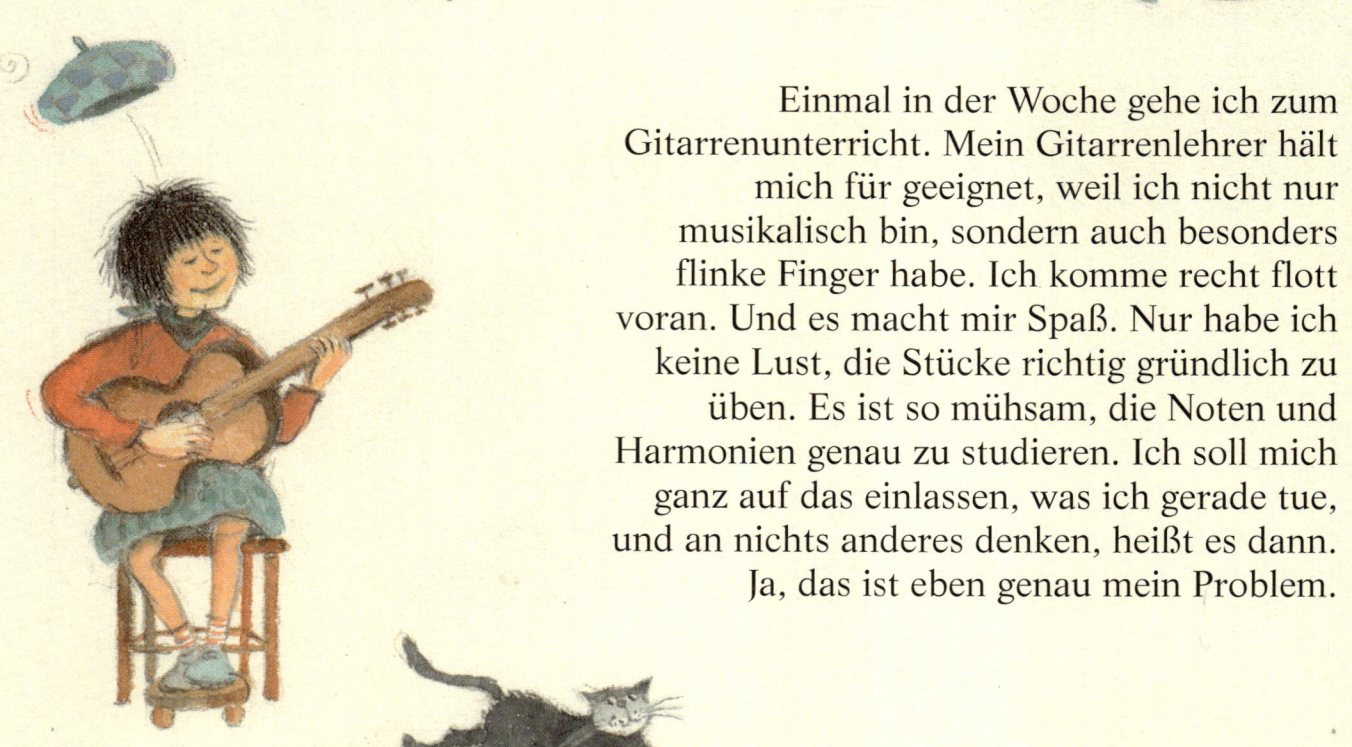

Beim Töpfern und Figurenbasteln habe ich stets gute Laune. Weil mir fast alles gelingt. Hier ist Geschicklichkeit gefragt, und die hat ein Zwilling natürlich.

Und Fixigkeit! Zum Beispiel beim Sport: Da lasse ich mich beim Völkerball-Spiel nicht so leicht abschießen. Auch andere Ballspiele, Jonglieren und Jo-Jo gehören zu meinen Vorlieben.

Wenn ich älter bin, möchte ich mal mit einem Fesselballon fliegen oder das Drachenfliegen ausprobieren.

Wenn ich mal krank bin, guckt meine Mutter
ständig nach, ob ich auch im Bett bleibe.
Damit meine Bronchitis verheilt, brauche ich
Ruhe – meint sie. Aber diese Eintönigkeit, die
ganze Zeit am selben Platz, da muss ich mir
wenigstens öfter was anderes zum Spielen
oder Lesen holen.

Große Beklemmungen bekomme ich, wenn es
eng wird. Zum Beispiel im Lift. Da überfällt
mich die Angst, keine Luft mehr zu
bekommen. Wie schön wäre es in solchen
Momenten, abheben zu können und wie eine
Libelle über den Köpfen der Menschen
herumzuschwirren!

Manchmal male ich mir aus, wie es wäre,
wenn es mich doppelt gäbe, also zweimal.
Dann könnte ich meine vielseitigen Interessen
auf zwei Personen verteilen. Anschließend
treffen sich die beiden und werden wieder
eins. Und ich hätte dann das gute Gefühl,
mehreres gleichzeitig ausprobieren zu können
und nichts zu versäumen.

Ich mag gern helle Farben, aber auf eine Farbe allein kann ich mich nicht festlegen. Doch habe ich zwei Lieblings-T-Shirts, das eine ist grünblau, das andere orange, aber nicht so fett-grell, sondern zart-pastellig.

Zu meinem letzten Geburtstag habe ich eine Kette mit so weiß-grau-blauen Perlen von meiner Tante bekommen. Chalzedon nennt sich der Stein, aus dem die Perlen sind, und er wird den Zwillingen zugeordnet. Wie kleine Wölkchen am Himmel sehen diese Perlen aus.

Wenn ich als Indianermädchen geboren wäre, dann wäre der Hirsch mein Tiertotem. Vielleicht weil er so flink und behende ist.

Es gibt auch ein Pflanzentotem für Zwillinge, das ist die Königskerze. Sie gilt bei den Indianern als vielseitiges Heilmittel.

♊

♎ Waage

23. SEPTEMBER – 22. OKTOBER

Stellt euch eine schöne Waage vor, und ich sitze in einer der beiden Waagschalen. Damit nun die Waage im Lot ist, lade ich ein freundliches Menschenwesen in die andere Waagschale ein. Wer mag mir Gesellschaft leisten?

Das heißt nicht, dass ich überhaupt nicht allein sein kann. Zur Not geht das schon. Aber zu zweit macht das Leben einfach mehr Spaß. Ich fühle mich viel lebendiger und im Gleichgewicht, wenn ich mit jemandem reden oder spielen kann.

Zum Glück sind wir eine große Familie, da habe ich reichlich Auswahl. Mit meinen beiden Brüdern verstehe ich mich am besten, wenn sie einzeln mit mir was machen.

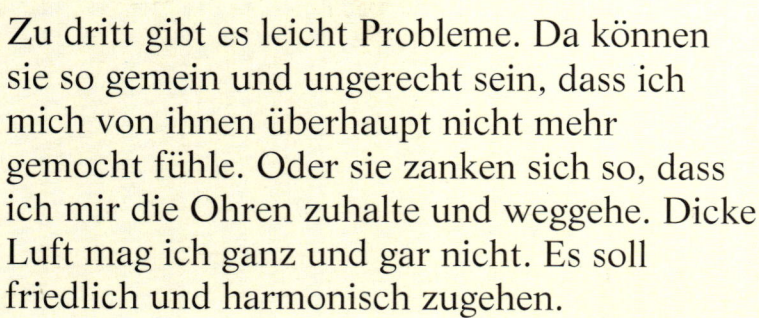

Zu dritt gibt es leicht Probleme. Da können sie so gemein und ungerecht sein, dass ich mich von ihnen überhaupt nicht mehr gemocht fühle. Oder sie zanken sich so, dass ich mir die Ohren zuhalte und weggehe. Dicke Luft mag ich ganz und gar nicht. Es soll friedlich und harmonisch zugehen.

Ich bin zwar ein anpassungsfähiges Wesen, kann jedoch auch eigenwillig sein. Zum Beispiel bei der Kleidung: Ich mag nur ganz bestimmte Sachen und die müssen gut zueinander passen. Wenn ich etwas tragen soll, was mir nicht gefällt, fühle ich mich nicht wohl in meiner Haut und möchte mir nur noch die Tarnkappe aufsetzen.

In meinem Zimmer, das übrigens hell eingerichtet ist, hängt ein Spiegel. Davor stehe ich oft und lange. Ja, ja, ich weiß, dass ich eitel bin! Aber dieser Spiegel hat auch noch eine andere Bedeutung: Ich kann mit meinem Spiegelbild sprechen. Ich stelle eine Frage und – wups – bekomme ich die Antwort aus dem Spiegel. Damit helfe ich mir, wenn ich ratlos und allein bin.

In der Schule bin ich fast mehr mit meiner Tischnachbarin beschäftigt als mit dem Unterricht.

Aber meine Lehrerin kann mir nie richtig böse sein, weil ich sie so freundlich anlächle. Nur einmal musste ich eine ganze Woche allein an einem Tisch sitzen – wahrlich keine gute Lösung für ein Waage-Kind!

Die meisten Kinder in meiner Klasse mögen mich. Wenn ich irgendwelche Streitereien mitbekomme, versuche ich zu schlichten. Es gelingt mir oft, für jeden Beteiligten eine gerechte Lösung zu finden.

♎

Ich verbringe viel Zeit mit anderen Kindern. Es sollen nur nicht zu viele auf einmal sein, lieber kleine Gruppen. Ich fühle mich sonst etwas verloren und letztlich dann doch wieder allein.

Ich habe einen lieben Freund, den ich sehr hübsch finde. Wir spielen immer Ehepaar zusammen. Richtig mit Verkleiden und Schminke und so. Manchmal streiten wir uns ein bisschen, wie echte Ehepaare auch. Aber zu einer schweren Krise kommt es nicht, vorher einigen wir uns wieder.

Barbiepuppen stehen bei mir hoch im Kurs. Ich habe eine ganze Sammlung davon. Meine Mutter verdreht bei ihrem Anblick die Augen und sagt, sie sind kitschig vom Scheitel bis zur Sohle. Stimmt ja irgendwie auch. Aber bei so viel Rosa, so viel verschiedenen Klamotten, so langen Haaren zum Frisurenmachen – da kann ich einfach nicht widerstehen.

Ich tanze gern. Meine Eltern haben für mich eine Kindertanzgruppe gefunden, die ein vielfältiges Programm anbietet: freien Tanz, Tierbewegungen zur Musik, Rock 'n' Roll und ähnliches. Wenn ich älter bin, dann mache ich Jazzdance.

Zu meinem letzten Geburtstag habe ich
Seidenfarben bekommen. Das ist was Feines!
Damit kann man Krawatten, kleine und große
Tücher schön bemalen; aber der Stoff muss
wirklich echte Seide sein. Seit ich das mache,
habe ich immer gute Geschenkideen.

Seit dem letzten Zirkusbesuch bin ich ganz wild aufs Seiltanzen. Ich
möchte mich auch einmal so leicht und fast wie schwebend auf dem Seil
bewegen können! Und dazu so ein schönes Kostüm tragen!
Wenigstens Seilspringen kann ich sehr gut. Und mit meiner Freundin
trainiere ich mit dem Hula-Hoop-Reifen, wer ihn länger in der Taille
halten kann.

Blöderweise habe ich eine empfindliche Blase.
Meine Mutter erinnert mich oft daran, mich
warm genug anzuziehen. Aber dann vergesse
ich es wieder. Und so lande ich hin und wieder
mit Wärmflasche und viel Tee im Bett.
Genau dann habe ich auch noch meine scheußlichsten Träume: Zum
Beispiel dass sich meine Eltern nicht mehr lieb haben, dauernd streiten
und sich trennen wollen. So eine Vorstellung wäre ganz schrecklich für
mich. Ich will's mir besser gar nicht ausmalen.

Da gibt es viel schönere Dinge zum Fantasieren: Die Wolken sind für mich
eine eigene Welt. Sie können so verlockend und verheißungsvoll aussehen!
Stundenlang schaue ich ihnen zu. Als Vogel könnte ich einfach dort
hinfliegen und mich mit ihnen davontragen lassen.

Ich mag helle Farben. Besonders Rosa. An meinem Zimmer und an meiner Kleidung kann man das sofort erkennen. Als Junge wäre das natürlich ein bisschen komisch. Er mag sicher keine rosarote Hose tragen. Aber es gibt rosa Steine, die einem Waage-Jungen auch gefallen können: den Rosenquarz, den Kunzit oder die rosa Koralle.

KORALLE

ROSENQUARZ

KUNZIT

Bei den Indianern sind die Waage-Menschen Raben. Das ist ihr Tiertotem. Das passt ja nun wirklich gut, wo Fliegen doch mein Traum ist!

Es gibt auch ein Pflanzentotem, nämlich den Efeu. Er hat das ganze Jahr über grüne Blätter – ein Trost in den kahlen Wintermonaten.

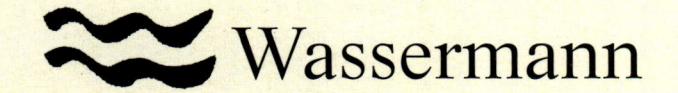 Wassermann

Huiii – ich bin der Wirbelwind! Ich fege allen alten Staub weg und sorge für frische Luft. Mein Sternzeichen ist der Wassermann.

Ich bin immer in Bewegung und habe ständig neue Einfälle und Gedankenblitze.

Meine Eltern raufen sich manchmal die Haare, weil ich ein solcher Unruhegeist bin. Regeln, Ordnungen und Gewohnheiten sind nichts für mich. Da wird mir ganz eng zu Mute. Ich will beim Essen öfter mal woanders sitzen, nicht immer am selben Platz. Ich will auch nicht unbedingt dann essen, wenn Mittagszeit ist, sondern nur wenn ich wirklich Hunger habe.

Genauso geht es mir mit dem Schlafengehen. Das würde ich auch am liebsten nur nach Lust und Laune machen. Ich tue ja (fast) alles, was man von mir verlangt, aber bitte nur freiwillig! Zwischendurch überrasche ich meine Eltern mit ausgefallenen Ideen. Zum Beispiel habe ich neulich, während sie abends eingeladen waren, mein ganzes Zimmer auf den Kopf gestellt. Nichts war mehr am alten Platz.

Die Schule nehme ich locker.
Ich kann gut und schnell lernen.
Aber das viele Sitzen und der
eintönige Stundenplan!
Diejenigen, die so was
bestimmen, sollen sich mal
was Neues einfallen lassen!
Damit der Unterricht
spannender und
abwechslungsreicher wird.
Aber bis es soweit ist, muss ich
eben mit meinem Freund hin
und wieder für Wirbel sorgen
und kleine Streiche aushecken.

Meine Freunde sind mir eigentlich genauso wichtig wie meine Familie. Sie
sind für mich wie Verwandte, nur selbst ausgesucht. Wenn wir in die
Ferien fahren, darf ich meistens jemanden mitnehmen, mit dem ich mich
besonders gut verstehe.

Ich interessiere mich sehr für Technik. Zum Beispiel für die neuesten Züge, Flugzeuge, Satelliten und Raumstationen.

Mein Vater hat mir aus seinem Büro einen Computer mitgebracht. Darauf kann ich üben und die verschiedensten Programme und Spiele ausprobieren.

Meine nächstliebste Beschäftigung ist, Funkverbindung über Walkie-Talkie mit meinen Freunden aufzunehmen.

Ansonsten spiele ich Keyboard. Da kann ich nach Herzenslust experimentieren und improvisieren. Wenn ich richtig fit bin, möchte ich gerne in eine Gruppe einsteigen.

Zwischendurch habe ich auch Lust zum Malen und Basteln. Aber nicht so die üblichen Sachen. Auch hier will ich was Neues erfinden.

Ich bin überaus sportlich. Dabei geht es mir weniger um Kraft als vielmehr um Beweglichkeit. So was wie Tischtennis, Tennis und Federball macht mir besonderen Spaß.

Hin und wieder bin ich krank und muss im
Bett bleiben. Allerdings mache ich das nur,
wenn ich mich gar nicht mehr auf den Beinen
halten kann. Und damit es nicht zu langweilig
wird, ist mir jeder Besuch willkommen.

Natürlich hat auch ein Wassermann-Kind manchmal Angst: Zu viel
Strenge und zu viel Enge sind das Schlimmste für mich – da bleibt mir
schier die Luft weg!

Wenn ich mal erwachsen bin, möchte ich gerne Pilot werden. Die Welt von
oben zu betrachten finde ich großartig! Da bekomme ich ein ganz weites
Gefühl. Es muss aber nicht unbedingt ein Düsenjet sein. Ich würde mich
auch in ein Segelflugzeug oder in einen Zeppelin setzen.

Am liebsten mag ich wässriges Blau oder helles Blaugrün. Hauptsache, die Farben haben nichts Schweres oder Dunkles. Es gibt Steine, die gut zu mir passen: der schillernde Opal, der Aquamarin und der hellblaue Saphir.

Wenn ich als Indianer geboren wäre, wäre ich ein Otter. Gehört zur Familie der Wiesel. Dieses Tier ist ein besonders erfinderischer Höhlenbauer.

Der Farn ist mein Pflanzentotem. Bei den Indianern ein altbewährtes Heilmittel.

ZWILLINGE

beweglich * wach * flink * lebhaft * flott * agil
flatterhaft * spielerisch * schlau * findig * neugierig
vertrickst * vielseitig * erfinderisch * grazil * regsam
ablenkbar * unentschlossen * zwiespältig * skeptisch
beredt * effektvoll * rational * sich zersplitternd
bewusst * geschickt * anregend * spritzig * geistreich
unzuverlässig * rasch begreifend * reflektierend
unbeständig * nervös * wendig

WAAGE

verbindlich * gefällig * ästhetisch * eitel * liebenswürdig
ausgleichend * harmoniesüchtig * gepflegt * gesellig
oberflächlich * charmant * dekorativ * anmutig * zärtlich
unsicher * zögerlich * ausweichend * ausgewogen * höflich
schön * einschmeichelnd * diplomatisch * beeinflussbar
genüsslich * vage * schönfärbend * tolerant * aufgeschlossen
geschmackvoll * angepasst * hübsch * entgegenkommend
gerecht * freundlich * friedlich

WASSERMANN

geistig * bewusst * eigenständig * unabhängig * originell
modern * apart * überspannt * überlegen * idealistisch
einfallsreich * sprunghaft * freiheitlich * inspiriert
abstrakt * bizarr * spontan * weltgewandt * fortschrittlich
unregelmäßig * lebensfern * geistreich * vorurteilsfrei
unkonventionell * erneuernd * pionierhaft * sozial * großzügig
freundschaftlich * willensschwach * individualistisch
ungewöhnlich * extravagant * unorthodox * spleenig

Wir Wasserkinder

KREBS
22. Juni – 22. Juli

SKORPION
23. Oktober – 21. November

FISCHE
19. Februar – 20. März

Das *Wasser*-Element

Das Wasser ist das Element der Seele.
Wasser reinigt und heilt uns. Wir waschen
uns mit Wasser und wir trinken Wasser.
Damit werden wir auch innerlich gereinigt.
Bei bestimmten Krankheiten wird
besonderes Heilwasser empfohlen.

Im Christentum werden die Gläubigen mit Weihwasser getauft und gesegnet.

Nach vielen Schöpfungsmythen war die Welt am Anfang nur mit Wasser bedeckt. Ein indianisches Märchen erzählt, dass es zu Beginn zwar kein Land gab, aber schon Landtiere. Sie wussten nicht, wo sie leben sollten. Da schlug ein Krebs vor, vom Meeresgrund Erde heraufzuholen und damit Land zu schaffen …

Der Frosch ist das indianische Tiertotem für Wasser.

Wenn wir vom Wasser geprägt sind, leben wir stark aus unserer Gefühlswelt heraus. Unsere Gefühle haben sozusagen Oberwasser. Wir sind sehr empfindsam und können uns in andere Menschen einfühlen. Unsere Stimmungen schwanken. Mitunter haben wir nah am Wasser gebaut und lassen die Tränen fließen. Manchmal schwimmen uns die Felle weg und wir suchen nach Halt. Wir nehmen viel auf und sind deshalb sehr verletzlich. Zum Schutz geben wir unsere Gefühle nicht jedem und nicht zu jeder Zeit preis. Oft bleibt etwas verborgen – stille Wasser sind tief. Und wenn es ganz schlimm kommt, können wir zu Eis erstarren, eiskalt werden.

Zu unserem Element gehören der Krebs, der Skorpion und die Fische.

 # Krebs

22. JUNI – 22. JULI

Ich bin ein Krebs. Mein Sternzeichen beginnt an dem Tag, an dem auch Sommeranfang ist.

Ich bin ein eher ruhiger Zeitgenosse, dafür ein launischer.

Wenn ich morgens aufwache, bin ich noch ganz in meinen Träumen. Ich brauche genug Zeit, um richtig wach zu werden und mich für die Schule fertig zu machen. Wenn ich in Eile gerate, werde ich missmutig. Ich bin auch morgens nicht sehr gesprächig, das kennen meine Eltern schon. Mir sind die Wochenenden am liebsten, da kann ich ausschlafen, gemütlich mit meinen Eltern kuscheln und spielen, so viel ich will.

Ich helfe gerne zu Hause, sogar Geschirrspülen macht mir Spaß. Dabei lasse ich die Tassen wie Schiffchen schwimmen und probiere aus, wie viel Wasser sie vertragen, ohne unterzugehen.

Wenn meine Eltern mit mir sauer sind, weil
ich irgendwas angestellt habe, verkrieche ich
mich in meine Höhle, die ich mir in meinem
Zimmer aus Kartons gebaut habe. Dort
wohnen auch meine Stofftiere, mit denen ich
mich trösten kann. Ich reagiere sehr
empfindlich auf Schimpfe. Mein Vater meint
dann, ich soll nicht so schnell beleidigt sein.
Der ist eben kein Krebs und kann meine
Gefühle nicht verstehen.

Meine Schwester ist viel älter als ich und unternimmt viel mit ihren
Freunden. Ich vermisse sie, wenn sie nicht da ist, obwohl wir sowieso
nicht viel zusammen machen. Aber ich habe ein viel schöneres
Familiengefühl, wenn wir alle gemeinsam zu Hause sind.

Meine Lehrerin in der Schule nennt mich
einen Träumer. Wenn sie mich aufruft, weiß
ich manchmal nicht, was sie von mir wissen
will, weil ich mit meinen Gedanken gerade
ganz woanders war. Bei den Tests werde ich
oft nicht fertig, weil ich zu langsam bin. Das
heißt, so langsam bin ich gar nicht, aber ich
brauche eine ziemliche Anlaufzeit für alles.
Die Hausaufgaben dauern bei mir meistens
ewig, weil ich zwischendrin vor mich hin döse
oder eine Fliege am Fenster beobachte.

Ich habe nur einen Freund und eine Freundin. Beide gehen in meine Klasse. Sonst bin ich eher ein Außenseiter. Weil ich mich nicht mit anderen Jungen raufen mag und mich auch nicht gut wehren kann. Außerdem spiele ich gern allein.

Zu Hause habe ich ein Aquarium. Stundenlang sitze ich davor und beobachte die Fische.

Das Leben unter Wasser finde ich so spannend! Im Sommer, wenn wir Urlaub am Meer machen, gehe ich ganz viel schnorcheln. Die Welt da unten auf dem Meeresgrund mit ihren Pflanzen und Tieren kommt mir wie eine Traumlandschaft vor. Ich sammle natürlich Muscheln und Schneckenhäuser, Steine auch.

Manchmal sitze ich am Bach oder an Flussufern, spiele mit Kieseln und werfe Steine so gezielt ins Wasser, dass sie ein paarmal über die Wellen hüpfen.

Seit kurzem lerne ich Trompete spielen. Saxophon würde mir auch gefallen. Später, wenn ich fortgeschrittener bin, möchte ich bei einer Bläsergruppe mitspielen.

Mein Zimmer hängt voll mit selbst gemalten Bildern. Die meisten sind Fantasiebilder. Ich habe manchmal so komische Träume, wo Tiere drin vorkommen, die es in Wirklichkeit gar nicht gibt – die male ich dann, damit sie mir in Erinnerung bleiben.

Fußball ist mein Lieblingssport. Ich gehe regelmäßig zum Training und bin in der Mannschaft links außen platziert. Eigentlich gehören da die schnellen Läufer hin, aber ich ahne dafür oft schon vorher, was gleich passiert, und kann dann gut reagieren.

Leider habe ich öfters Bauchweh. Oder mir ist schlecht. Dann kuschel ich mich im Bett, zusammen mit meinen Lieblingstieren, in mein oberweiches Kissen und trinke Kamillentee. Aus meiner Spezialtasse natürlich, auf der ein Krebs abgebildet ist. Und von meinen Eltern brauche ich ganz viel Trost und Schmusen.

Das Schlimmste, was mir passieren kann, ist, dass meine Eltern nicht zu Hause sind, wenn ich nachts aufwache. Da bekomme ich jedes Mal einen fürchterlichen Schreck und habe Angst, dass sie nie mehr wieder kommen.

Ich male mir oft eine Welt unter Wasser aus. Ganze Fantasiestädte mit höhlenartigen Behausungen entstehen in meinen Wachträumen. Die Bilder sind in silbrige Blautöne getaucht.

Blau ist überhaupt meine liebste Farbe – so hellblau, aber es darf nicht babyhaft wirken. Von meinem Großvater habe ich Manschettenknöpfe mit eingearbeiteten Mondsteinen geerbt. So was trägt man ja heute eigentlich nicht mehr. Aber ich hebe sie trotzdem auf, denn diese milchigweißen Steine mit bläulichem Schimmer gefallen mir sehr.

Der Mond hat sowieso eine große Bedeutung für mich. Zum Beispiel gehe ich bei Vollmond im Schlaf öfters in unserer Wohnung spazieren.

Als Indianer könnte ich mir ein Leben bei den Hopis vorstellen. Sie gehören zu den friedlichsten Stämmen und widmen sich ganz der Aufgabe, die Erde und alles Leben auf ihr zu bewahren.

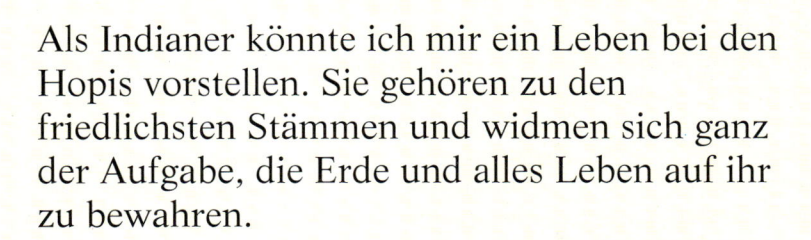

Mein Tiertotem ist der Specht. Er baut für seine Kleinen das Nest besonders liebevoll. Und als Pflanzentotem habe ich die Heckenrose.

♏ Skorpion

23. OKTOBER – 21. NOVEMBER

Huh, huh, hier kommt das Nachtgespenst!
Einen Skorpion nennt man mich.
Geheimnisumwoben schleiche ich durch die
dunklen Gassen und lasse meinen
durchdringenden Blick umherschweifen.

Mich interessiert alles das, was man auf den
ersten Blick nicht erkennt. Ich habe einen
Instinkt für verborgene Gefühle und Dinge.

Es kommt manchmal vor, dass meine Eltern missgestimmt sind, vor mir
aber ganz freundlich tun. So was spüre ich sofort. Und dann muss ich
nachbohren und fragen, was los ist. Bis ich es weiß. Auch wenn meine
Eltern unwirsch reagieren. Ein Skorpion-Kind ist eben kein bequemes
Kind! Seinerseits will es allerdings nicht angebohrt und ausgequetscht
werden. Die anderen müssen nicht alles von mir wissen!

Wenn ich etwas geschenkt bekomme, etwa ein
Auto mit Fernsteuerung, muss ich es genau
untersuchen. Ich will feststellen, wie es gebaut
ist und funktioniert. Dazu muss es zerlegt und
von allen Seiten betrachtet werden. Großes
Pech, wenn es mir anschließend nicht gelingt,
es wieder zusammenzusetzen!

Als meine jüngere Schwester geboren wurde, war ich sehr eifersüchtig. Es gefiel mir gar nicht, dass dieses kleine Baby so viel Aufmerksamkeit brauchte. Und dass es ständig von meinen Eltern auf den Arm genommen wurde. Am liebsten hätte ich diese Rivalin ganz schnell wieder weggezaubert. Aber mit der Zeit hat dieses scheußliche Gefühl nachgelassen. Meine Eltern haben mir auch dabei geholfen.

Bei Familienfeiern passiert es mir öfters, dass ich ganz anderer Stimmung bin, als von mir erwartet wird. Gar nicht festlich – eher muffig. Weiß auch nicht, wieso.

In der Schule bin ich gründlich. Meine Lehrerin stöhnt oft genervt, weil ich alles so genau wissen will. Ich werde ungehalten, wenn es heißt: »Dafür bist du noch zu jung – Das gehört nicht hierher – Das brauchst du nicht zu wissen«. Aber genau da wird es doch gerade erst spannend! Gleichzeitig habe ich aber auch eine ganz andere Seite: Wenn ich den Faden verloren habe, weil ich vielleicht ein paar Tage krank war, könnte ich alles hinschmeißen. Ich passe dann nicht mehr auf und schlampe mich so durch. Da brauche ich dringend Hilfe von meinen Eltern.
Ihr seht, ich bin ein Alles-oder-Nichts-Typ.

In meinen Freundschaften geht es immer auf und ab. Ich bin anhänglich und treu, muss aber deutlich sagen, wenn mir beim anderen etwas nicht gefällt. Wenn der dann blöd reagiert, verletzt mich das ziemlich. Ich bin nämlich sehr empfindlich. Wie von selbst kommt dann mein Giftstachel zum Vorschein und piekt ihn in seine empfindlichste Stelle. Das will ich gar nicht so, es geschieht aber schier automatisch. Nach einer Erholungspause können wir uns jedoch wieder gut vertragen.

Dunkle Ecken und Keller ziehen mich magisch an. Da wird einem so schön unheimlich zumute. An solchen Plätzen spiele ich besonders gerne mit meinen Freunden.

Ich schleiche öfters auf Friedhöfen herum. Das sind geheimnisvolle Orte für mich. Was ist Sterben? Was geschieht nach dem Tod mit uns Menschen? Wo lebt die Seele?

Ich habe gerade angefangen, Cellounterricht zu nehmen. Dieses Instrument klingt so schön warm und tief. Nur bei mir noch nicht, leider. Aber mein Cello-Lehrer macht mir immer wieder Mut.

Ich verkleide mich gern als Zauberer und führe meine Verwandlungskünste vor. Meinen Hut, den schwarzen Umhang und den Zauberstab habe ich selbst gebastelt und genäht. Meine Mutter musste mir allerdings dabei helfen. Ich wollte meine Zaubersachen nicht kaufen. Die müssen doch handgemacht und einzigartig sein! Nur so bekommen sie die nötige magische Wirkung.

Der Schwimmsport begeistert mich. Tauchen und lange Strecken schwimmen. Dafür bin ich gut geeignet, weil ich ein zähes Durchhaltevermögen habe. Aikido mache ich auch. Bei diesem Verteidigungssport lerne ich, die Angriffe des Gegners zu brechen, ohne ihn dabei zu verletzen.

Wenn ich krank bin, grabe ich mich tief in meine Kissen ein. Das Licht soll gedämpft sein. Ich erlebe mein Kranksein wie den Weg durch einen Tunnel. Am Ende komme ich wie neugeboren wieder zum Vorschein. Meine Mutter meint, ich sei wie eine Schlange, die sich regelmäßig häutet.

Dabei habe ich große Angst vor Schlangen. Und vor Spinnen. Besonders wenn sie giftig sind. Selbst im Tierpark, mit dicker Glaswand dazwischen, packt mich leicht die Panik.

Außerdem bin ich sehr schreckhaft. Es geht mir durch und durch, wenn etwas Plötzliches hinter mir geschieht. Für einen Moment fühle ich mich wie gelähmt.

So wie in Träumen, wo ich vor einer Gefahr davonlaufen will, aber nur ganz langsam vom Fleck komme. Meine Beine wollen mir einfach nicht gehorchen. Manchmal finde ich mich im Traum in einer Schlucht wieder. Ängstlich irre ich umher. Ganz weit hinten erscheint ein kleines, strahlendes Licht. Ich muss mich durch die ganze Schlucht durcharbeiten, bis das Licht größer wird und mich schließlich erlöst. Mit diesem Gefühl wache ich dann meistens auf.

Mich ziehen dunkle Farben an. Dunkelblau, Dunkelgrün, Dunkelrot und Schwarz. Es gibt auch Skorpion-Steine, die dieser Vorliebe genau entsprechen: der dunkelgrüne Malachit zum Beispiel, mit seinen schwarzen Schlieren. Oder der dunkelrote Rubin, ein sehr kostbarer Stein.

Als Indianer wäre ich – wie kann es anders sein – eine Schlange.

Und mein Pflanzentotem ist die Distel. Das hat sicher mit dem Sticheligen zu tun, was man den Skorpiongeborenen nachsagt. Aber nebenbei hat sie auch eine heilende Wirkung, besonders bei Vergiftungen.

♓ Fische

19. FEBRUAR – 20. MÄRZ

Ich bin unter dem Sternzeichen der Fische geboren. Es ist das zwölfte und damit letzte Zeichen des Tierkreises.

Ich bin ein freundliches, ruhiges und hilfsbereites Kind. Meine Verfassung hängt ganz stark von dem ab, was für eine Stimmung um mich herum ist. Wenn andere traurig sind, fühle ich sehr mit ihnen mit. Ich lasse mich aber auch gerne von ihrer guten Laune anstecken.

Wenn die Sonne scheint, hüpfe ich fröhlich aus dem Bett und freue mich auf den Tag. Die Welt sieht dann so freundlich aus, ich könnte sie umarmen! Ich bekomme plötzlich Lust, Sachen zu machen, denen ich sonst lieber aus dem Weg gehe. Zum Beispiel Zimmer aufräumen oder Kleiderschrank ordnen. Bei mir herrscht nämlich gerne Chaos.

Wenn es regnet oder düster und grau draußen aussieht, friert es mich und ich habe zu nichts Lust. An solchen Tagen brauche ich viel Zärtlichkeit und liebevollen Zuspruch von meinen Eltern. Dann wird mir wieder warm und wohliger zumute.

Meine Brüder sagen oft, ich würde die Flöhe husten hören und das Gras wachsen sehen. Sie meinen damit, dass ich Feinheiten spüre oder Vorahnungen habe. Für mich ist das ganz normal, nur die anderen reagieren verwundert oder manchmal sogar ungläubig. Das verunsichert mich und ich fühle mich dann einsam.

Zum Glück ist seit kurzem ein Mädchen in meiner Schulklasse, das auch unter dem Zeichen der Fische geboren ist. Und dem geht es genauso. Das baut mich auf und die Selbstzweifel verfliegen wieder.

Im Unterricht legt sich häufig ein Nebelschleier zwischen die Lehrerin und mich. Besonders in Mathe. Ihre Stimme ist dann ganz weit weg, während ich in Fantasiewelten spazieren gehe. Ein dicker Schreck durchfährt mich, wenn ich dann plötzlich aufgerufen werde und blöd aus der Wäsche gucke. Ich soll aufmerksam und wach dabei sein, kommt dann jedesmal. Will ich ja, aber …

Für Fische müsste es ganz andere Schulen geben: mit viel Musik, Malen, Fantasieren, Feenkunde und Kinderyoga. Da wäre ich voll dabei!

Ich verstehe mich mit vielen Kindern gut und treffe mich mit ihnen zum Spielen. Aber richtig befreundet bin ich nur mit dem Fische-Mädchen aus meiner Klasse. Und mit einem Jungen, der bei uns im Haus wohnt. Er ist ein Krebs, sehr einfühlsam und weich.

Er sammelt Briefmarken, wie ich auch, und wir machen die komischsten Tauschgeschäfte. Er bekommt von mir die Marken mit Tierbildern und ich dafür die mit Pflanzenabbildungen. Die gefallen mir am besten. Ich mag überhaupt Blumen so gerne. Meine Bücher sind voll mit gepressten Blüten.

Ich lerne Klavier spielen. Das macht mir große Freude. Bei Musikstücken, die mir besonders gut gefallen, bekomme ich ganz schöne Gefühle. Zwischendurch habe ich mal Durststrecken, wo ich weniger übe. Aber deswegen möchte ich noch lange nicht aufhören. Denn ohne Musik kann ich mir mein Leben gar nicht mehr vorstellen.

Seit kurzem habe ich Aquarellfarben. Damit kann ich meine Bilder endlich so malen, wie ich sie mir immer vorgestellt habe: wo die Farben so zerfließen. Dann bekommt das Bild was Durchsichtiges und Wässriges. Die Umrisse kann man nur noch ahnen. Manchmal klebe ich auf so ein Farbenmeer eine meiner getrockneten Blüten – das sieht dann wunderschön aus.

Ich bin keine Sportkanone. So Wettkämpfe interessieren mich nicht sonderlich. Das Einzige, was ich wirklich gern mache, ist schwimmen. Im Wasser bin ich wie ein echter Fisch. Später möchte ich segeln lernen. Und dann mit dem Boot aufs Meer hinaus! Da wird die Welt weit und unendlich.

Ein bisschen krank sein und gemütlich im Bett liegen macht mir eigentlich nichts aus. Es ist auch schön, dann mit kleinen Extras verwöhnt zu werden. Wenn ich aber hohes Fieber bekomme, tut mir die Haut weh, niemand soll dann mehr in meine Nähe kommen. Im Halbschlaf träume ich, völlig hilflos durch unermessliche Räume zu stürzen. Nirgends gibt es Halt oder einen festen Boden. Das macht mir Angst.

So ein scheußliches Gefühl habe ich auch in größeren oder kleineren Gruppen, wo ich feststelle, dass die anderen Kinder ganz anders drauf sind als ich. Ich bekomme da kein Bein auf die Erde, jeder Satz von mir kommt mir doof und lächerlich vor. Ich möchte dann so gerne so sein wie die anderen und kann es nicht.

Ich bin viel mit unserer Welt, dem Himmel und all seinen Planeten – dem ganzen Kosmos – beschäftigt. Ich spüre genau, dass es noch ganz viel gibt, das wir hier auf der Erde nicht sehen und erfassen können. Aber was ist das alles? Und wer hat das Ganze erschaffen?

Meine Lieblingsfarben sind Lila, Violett und Blaugrün. Das Meer erscheint in der Dämmerung in solchen Farbtönen. Auf Mineralienausstellungen habe ich Steine entdeckt, die mir total gut gefallen. Fluorit und Amethyst heißen sie. Von jedem habe ich einen kleinen Talisman zu Hause.

Als Indianerin wäre ich ein Wolf. Diese Tiere sind sehr empfindsam und haben ein ahnungsvolles Gespür.

Mein Pflanzentotem ist der Wegerich. Komisch, ich finde ihn gar nicht besonders schön und mag ihn doch so gerne, ohne zu wissen, warum.

KREBS

empfänglich * seelenvoll * fantasiebegabt * hingebend
innig * sehnsüchtig * romantisch * sentimental * launisch
mitfühlend * weich * kindlich * warm * stimmungsbewegt
hilfsbereit * anschmiegend * zärtlich * naturverbunden
beeinflussbar * fürsorglich * formbedürftig * ahnungsvoll
labil * gefühlsbetont * sanft * häuslich * sensibel
rückwärtsgewandt * selbstmitleidig * lyrisch * verträumt
verspielt * empfindlich * reagierend * nachtragend

SKORPION

leidenschaftlich * tief * drängend * kompromisslos
energisch * besitzergreifend * eifersüchtig * zäh * gründlich
konsequent * unbeirrbar * problembewusst * kritisch
zerstörerisch * aufwühlend * faszinierend * dunkel
geheimnisvoll * unoffen * elementar * widerstandsfähig
regenerierfähig * wissbegierig * leistungsfähig * neugierig
zwanghaft * dämonisch * eindringend * forschend * wandlungsfähig
triebhaft * ätzend * kraftvoll * verletzlich * strukturierend

FISCHE

feinfühlig * sensibel * einfühlungsvermögend * mitschwingend
willensschwach * ahnungsvoll * schwärmerisch * weltfremd
vielseitig * fantasievoll * verfeinert * illusionär * sich hingebend
sich aufopfernd * intuitiv * mystisch * empfindlich * ängstlich
spirituell * hilfsbereit * entsagend * konturenlos * musisch
leidensfähig * hilflos * abhängig * chaotisch * sensitiv
feinsinnig * allverbunden * schillernd * wurzellos * irreal
visionär * wandlungsfähig